Dieses Buch gehört:

Inhalt

© 2017

Herstellung und Verlag: BoD – Books on Demand, Norderstedt.

ISBN: 9783744830638

Vorwort

Kochen und Backen kann dir viel Freude bereiten. Beides ist kreativ und vielfältig. Das Ergebnis schmeckt gut und macht Lust auf mehr.

In diesem Buch findest du Rezepte, die du verändern und abwandeln kannst.

Lies dir jedes Rezept vorher gut durch. Denkst du, dass du es alleine schaffst? Dann probier es aus. Bist du dir nicht sicher, dann such dir lieber Hilfe!

Bei den Zutaten und Gerätschaften findest du kleine Kästchen. Die kannst du der Reihe nach abhaken. Dann weißt du genau, ob du alles für das Rezept zusammen hast.

Egal wie gut dir das Rezept gelingt. Keiner ist perfekt. Hab einfach Spaß am Ausprobieren! Das ist das Wichtigste! Guten Appetit!

Was du brauchst!

Hast du alles zu Hause, was du brauchst? Geh die Liste durch, bevor du anfängst.

Einiges kannst du austauschen. In diesem Fall machst du aus der Not eine Tugend. Das heißt, manchmal wird sogar noch was Besseres draus. Hast du beispielsweise keinen Zitronensaft, kannst du auch Limettensaft nehmen. Das gilt für die meisten Zutaten und Materialien.

Lass dich von den Angaben nicht abschrecken. Im Regelfall zählt das Ergebnis! Besonders, wenn du für deine Eltern etwas kochen möchtest.

Sei mit Messern vorsichtig. Wenn du Hilfe brauchst, sag, dass du Unterstützung benötigst. Messer können sehr scharf sein.

Sehr wichtig ist der Sparschäler. Damit kannst du Kartoffel, Äpfel, Karotten und vieles mehr leicht schälen. Vor der Erfindung des Sparschälers war Kartoffelschälen oft Strafarbeit.

Manchmal wirst du einen Dosenöffner brauchen. Zum Glück haben viele moderne Dosen schon am Deckel eine Möglichkeit sie ohne Dosenöffner aufzumachen.

Empfehlenswert ist auch eine Eieruhr oder ein Küchenwecker. Beides hilft dir dabei, die Koch- und Backzeit nicht zu versäumen. Damit kannst du Anbrennen verhindern!

Schneidbretter sollten immer schön sauber sein. Bei rohem Hühnerfleisch ist es sinnvoll, ein separiertes Brett zu nehmen.

Küchenschürzen sind auch eine praktische Sache. Sie helfen dir, deine Kleidung sauber zu halten. Es wäre doch schade, wenn du frische Kleidung gleich nach dem Kochen wieder in die Waschmaschine geben musst, nur weil einige Kleckse auf das neue Shirt oder die schöne Bluse gelangt sind.

Meistens kannst du den Backofen vorheizen. Das heißt, der Ofen sollte schon warm sein, wenn du etwas in das Backrohr gibst. Damit verkürzt du die Back- und Kochzeit.

Wirklich gut sind Wasserkocher und Reiskocher. Beide helfen dir, Zeit und Energie zu sparen.

Ein guter Pürierstab hilft dir dabei, aus guten Sachen leckere Soßen zu zaubern.

Reihenfolge

1. **Rezept lesen**
   Brauchst du Hilfe oder schaffst du das Rezept allein?

2. **Händewaschen und Schürze umbinden**
   Saubere Hände schützen dich. Das gilt auch für die Schürze. Sind deine Ärmel lang, dann rolle sie hoch.

3. **Zutaten vorbereiten**
   Richte vor dem Kochen alles her. Wiege trockene Zutaten ab, miss flüssige Zutaten in einem Messbecher ab und stelle alles übersichtlich auf den Küchentisch, bevor du anfängst.

4. **Rezept durchlesen und vergleichen**
   Hast du alles aus der Liste vorbereitet?

5. **Vorsicht mit Messer**
   Halte sie immer mit der Schneide nach unten. Verwende als Unterlage ein Küchenbrett.

6. **Töpfe am Herd**
   Stell die Töpfe so, dass die Griffe nach außen oder hinten zeigen. Sie sollten dir nicht im Weg sein.

7. **Griff festhalten**
   Halte den Griff fest, wenn du umrührst. Sonst

kann sich der Topf leicht selbstständig machen.
Dafür kannst du Topflappen verwenden!

8. **Platz freihalten**

   Stelle heiße Dinge nie direkt auf Tisch oder
   Arbeitsplatte ab. Verwende dazu lieber eine
   feuerfeste Unterlage. Lass immer ausreichend
   Platz dafür frei.

9. **Verwende Topflappen**

   Sie schützen deine Haut vor Verbrennungen.

10. **Trockne deine Hände ab**

    Nasse Hände sind rutschig. Sei vorsichtig, wenn
    du mit glatten oder elektronischen Geräten
    hantierst.

11. **Spritzer sofort wegwischen**

    Besonders am Boden können dich Spritzer zum
    Stürzen bringen.

12. **Abschließend abspülen**

    Hast du einen Geschirrspüler, dann räum ihn ein.
    Wenn nicht, spül anschließend ab. Damit kann
    nichts eintrocknen.

Rezepte

Bei den Rezepten findest du immer einige Punkte. Diese sollen dir helfen, die Angaben einzuschätzen. Sie bieten dir auch Tipps, Tricks und Hilfe.

So lange wirst du brauchen:

Damit weißt du, welche Zeit du ungefähr einplanen solltest. Manche brauchen mehr, andere weniger Zeit. Darum ist es nur eine ungefähre Zeitangabe.

Das brauche ich:

Hier findest du die Sachen, die du für das Rezept brauchst. Es sagt dir, welche Zutaten und welche Gerätschaften du benötigst.
Natürlich kannst du auch andere Küchengeräte nehmen, wenn du sie lieber verwendest.

So bereite ich zu:

Wie wird das Gericht zubereitet? Die Aufgliederung darin sagt dir die notwendigen Schritte.

Kleiner Tipp:

Darin findest du Tipps und Tricks zum Rezept. Das können Beilagenvorschläge, Serviertipps oder anderes sein.

Möchtest du experimentieren?

Fast jedes Rezept kannst du abändern oder variieren. Vorschläge dazu findest du hier.

Wusstest du schon?

Jedes Gericht ist etwas Besonderes. Warum? Hier findest du, Wissenswertes dazu.

Wichtig!

Bei einigen Rezepten gehört etwas ausgebacken. Sei vorsichtig dabei. Öl kann leicht spritzen.
Bist du dir unsicher, dann frag um Hilfe, bevor du dir weh tust!

Spritzt das Öl zu stark, dann gib eine Prise Salz dazu. Das macht die Spritzer kleiner!

Speisen und Getränke

<u>Banane/Apfelbrei mit Zimt</u>

Für 1 Person

Hervorragender Resteverwerter für reife Früchte.

<u>So lange wirst du brauchen:</u>

ungefähr 5 Minuten

[13]

Das brauche ich:

- [ ] 2 große Äpfel
- [ ] 1 Banane
- [ ] Zimt nach Wunsch

- [ ] 1 Sparschäler oder Schälmesser
- [ ] 1 (Vierkant)Reibe
- [ ] 1 Schale oder Schüssel
- [ ] 1 Gabel

So bereite ich zu:

1. Schäle als erstes die Äpfel.
2. Rasple sie auf der (Vierkant)Reibe in eine Schale oder Schüssel.
3. Entferne als nächstes die Bananenschale.
4. Bröckle die Banane mit den Fingern in kleine Stücke ab. Gib diese Stücke zum Apfel.
5. Zerdrücke die Bananenstücke mit der Gabel. Mische beides gut durch.
6. Streu abschließend noch etwas Zimt über die Mischung.

Kleiner Tipp:

Am besten eignen sich reife oder überreife Bananen. Die Äpfel dürfen ebenfalls älter sein.

[14]

Möchtest du den Brei cremiger, dann verwende einen Pürierstab.

Möchtest du experimentieren?

Statt Zimt schmecken auch Kakao, Kokosraspeln oder flüssige Schokolade dazu.

Zur Apfel/Bananenmischung passt auch eine reife Mango. Diese gehört geschält und in kleine Stücke geschnitten. Mische sie dazu.

Wusstest du schon?

Äpfel und Bananen gehören zu den beliebtesten Obstsorten. Beide schmecken hervorragend und sind für Babykost sehr beliebt.

Bereits die Alten Römer züchteten Äpfel. Allerdings enthalten Äpfel im Vergleich zu anderen Obstsorten weniger Vitamine und Mineralstoffe. Dafür haben sie viel Vitamin C und verschiedene Ballaststoffe. Äpfel fördern die Verdauung und helfen dir bei Verstopfung.

Bananen wiederum sind in vielen Ländern Grundnahrungsmittel. Sie werden dort nicht nur roh gegessen, sondern verkocht, gebraten, gegrillt und vieles mehr.

Grießbrei

Für 1 Person

So machte ihn schon die Oma, süß und mit Liebe.

Vielseitig variierbares Basisrezept.

So lange wirst du brauchen:

ungefähr 35 Minuten

[16]

Das brauche ich:

- [ ] 470 ml Milch
- [ ] 235 ml Wasser
- [ ] 1,5 Teelöffel Butter
- [ ] 1 Prise Salz
- [ ] 45 g Grießmehl
- [ ] 1 Esslöffel Zucker

- [ ] 1 Kochtopf
- [ ] 1 Schneebesen oder 1 Kochlöffel
- [ ] 2 kleine oder 1 großer Teller

So bereite ich zu:

1. Gib Milch, Wasser, Butter und Salz zusammen in den Topf.
2. Stell ihn auf den Herd. Erhitze ihn auf mittlere Stufe.
3. Milch kann leicht anbrennen. Mit langsamem Umrühren verhinderst du das. Dazu kannst du den Schneebesen oder einen Kochlöffel verwenden.
4. Nach kurzer Zeit wirst du erste Bläschen auf der Milch sehen. Dann köchelt sie leicht.
5. Nimm jetzt den Topf vom Herd.
6. Gib langsam das Grießmehl dazu. Bist du noch unerfahren, dann gib das Grießmehl in einen

Becher mit Griff. Das hilft dir beim Dosieren, damit es nicht zu schnell in den Topf fließt.

7. Rühr dabei weiter um. Achte darauf, dass sich keine Klumpen bilden.
8. Ist alles eingerührt, dann stell den Topf zurück auf die warme Kochstelle. Reduzier die Hitze auf ein Minimum.
9. Bring den Brei noch einmal zum Köcheln. Rühr aber weiter gut um.
10. Die Grießkörner brauchen Zeit zum Quellen. Nach etwa 2 Minuten kannst du den Topf komplett vom Herd nehmen.
11. Gib den Brei in Teller und stell ihn für ein paar Minuten beiseite.

Kleiner Tipp:

Gib auf den Brei noch einen kleinen Klecks Butter. Streu Kakaopulver oder Zimt darauf.

Auch Kompotte oder frische Früchte wie Kirschen oder verschiedene Beeren passen sehr gut dazu.

Möchtest du experimentieren?

Ersetze den normalen Zucker durch Vanillezucker. Das gibt ihm einen feineren Geschmack.

Das normale Grießmehl kannst du durch Dinkel- oder Vollkorngrieß ersetzen. Beide sind gesünder als „normaler" Grieß. Auch MaisGrieß kannst du nehmen. Dann bekommst du eine Art Polenta. Diese wiederum wird gern in Osteuropa gegessen.

Wusstest du schon?

Vielleicht kannst du dich erinnern, dass du selber als kleines Kind Grießbrei bekommen hast. Es ist eines der ersten Essen, die kleine Kinder bekommen.

Wenn du jüngere Geschwister hast, kannst du mit diesem Rezept deine Eltern unterstützen. Grießbrei ist ein sehr gutes Rezept für die ganz kleinen Kinder und Babies.

Der Brei schmeckt eigentlich immer. Besonders in der kühleren Jahreszeit wärmt er dich sehr gut.

Auf Englisch heißt er übrigens „Semolina Porridge".

<u>*Arme Ritter*</u>

Für 1 Person

Optimale Resteverwertung mit Potential für mehr, mit einem Hauch von Weihnachten.

<u>*So lange wirst du brauchen:*</u>

ungefähr 15 Minuten

[20]

Das brauche ich:

- [ ] 3 große Scheiben Toastbrot
- [ ] 2 Eier
- [ ] 150 ml Milch
- [ ] 1 Prise Zimt
- [ ] 1 Päckchen Vanillezucker
- [ ] Salz zum Abschmecken
- [ ] Etwas Öl für die Pfanne

- [ ] 1 Schale oder 1 Schüssel
- [ ] 1 Gabel
- [ ] 1 Pfanne
- [ ] 1 Pfannenwender oder 2 Gabeln
- [ ] Küchentücher

So bereite ich zu:

1. Vermische Eier, Milch, Salz, Zimt und Vanillezucker in einer Schale oder Schüssel. Dazu reicht eine Gabel.
2. Gib in eine Bratpfanne etwas Öl. Erhitze es aber nur leicht.
3. Tauche die Brotscheiben einzeln in die Mischung. Das Brot sollte sich gut vollsaugen können.
4. Brate sie einzeln in der Pfanne an. Wende sie, sobald sie zu duften beginnen. Achte darauf, sie nicht anbrennen zu lassen!

[21]

5. Nimm sie aus der Pfanne sobald sie goldgelb geworden sind.
6. Leg sie auf die Küchenrolle und lass sie dort abtropfen. Das macht sie leichter verdaulich!
7. Die Armen Ritter können warm oder kalt serviert werden.

Kleiner Tipp:

Schneide die Brotscheiben diagonal durch und verteile sie auf die Teller. Bestreu sie mit Staubzucker und gib Ahornsirup drüber.

Möchtest du experimentieren?

Magst du es lieber deftig, dann probier die amerikanische Version, brate noch einige Speckstreifen an und leg sie zu den „Armen Ritter" auf den Teller.

Probier verschiedene Brotsorten aus. Weißes Brot schmeckt anders als Vollkornbrot. Finde heraus, welche Version dir am besten schmeckt.

Statt Öl kannst du auch geschmolzene Butter oder Margarine verwenden. Du wirst den Unterschied im Geschmack erkennen.

Wusstest du schon?

In den USA heißen sie „French Toast".

Rühreier

Für 1 Person

Einfaches und schnell gezaubertes Gericht für jede Tageszeit.

So lange wirst du brauchen:

ungefähr 10 Minuten

[23]

Das brauche ich:

- [ ] 4 Eier
- [ ] 60 ml Milch
- [ ] 1 Teelöffel Salz
- [ ] 1 Prise gemahlener, schwarzer Pfeffer

- [ ] 1 mittelgroße Schüssel
- [ ] 1 Schneebesen
- [ ] 1 Pfanne
- [ ] 1 Kochlöffel

So bereite ich zu:

1. Gib Eier, Milch, Salz und Pfeffer in die Schüssel.
2. Misch mit dem Schneebesen alles gut durch.
3. Diese Mischung kommt jetzt in die Pfanne. Stell sie bei mittlerer Hitze auf die Herdplatte.
4. Sobald sich am Rand die Farbe leicht erhellt, beginnt sich die Masse zu verfestigen.
5. Zieh mit dem Kochlöffel diese festen Stellen langsam in die Mitte.
6. Nimm die Pfanne vom Ofen, solange die Eier noch nicht ganz durch sind. Die Nachhitze der Pfanne sorgt für das komplette Durchkochen.
7. So wird der Geschmack besser.

Kleiner Tipp:

Streu etwas Schnittlauch die fertigen Rühreier. Das sieht optisch sehr schön aus und schmeckt gut. Servier sie noch in der Pfanne und gib Weißbrot dazu.

Alternativ passen sie gut auf Brotscheiben. Gib noch etwas gebratenen Speck, ein paar dünne Tomatenscheiben und etwas Salat dazu.

Möchtest du experimentieren?

Brate kleingeschnittene Frühlingszwiebel, Tomatenstücke und Pilzscheiben in der Pfanne an. Gib die Ei/Milchmischung dazu. Rühre diese Mischung wie oben beschrieben um. Streu anschließend noch geriebenen Käse darauf.

Wusstest du schon?

In Amerika heißen Rühreier „Scrambled Eier".

Eierrezepte findest du rund um den Erdball – vom hohen Norden bis zum tiefsten Süden. Rühreier gehören dabei zu den Klassikern. Die meisten Rühreier-Rezepte sind regional verändert und beinhalten Zutaten vom gebratenen Speck bis zur reifen Mango und vieles mehr.

Kartoffel Lauch Suppe

Für 3 Personen

Cremige Suppe, ideal für winterliche und kranke Zeiten.

So lange wirst du brauchen:

Ungefähr 1 h 15 min (je nach Größe der Kartoffelstücke)

[26]

Das brauche ich:

- [ ] 2 Esslöffel Olivenöl
- [ ] 2 – 3 Stangen Lauch
- [ ] 3 Bratwürstel
- [ ] 1 Esslöffel Maisstärke
- [ ] 1 Esslöffel Hühnerbrühpulver
- [ ] 0,5 Liter Wasser
- [ ] 500 g Kartoffel
- [ ] 1 Becher Schlagsahne
- [ ] Salz und Pfeffer zum Abschmecken

- [ ] 1 großen Topf
- [ ] 1 Kochlöffel
- [ ] 1 Messer

So bereite ich zu:

1. Gib das Olivenöl in den Kochtopf und erhitze es.
2. Schneide die Bratwürstel und Lauchstangen.
3. Brate Würstel- und Lauchstücke im Olivenöl an.
4. Würze mit Salz und Pfeffer, rühre die nächsten Minuten gut um.
5. Sobald der Lauch einfällt und leicht goldene Farbe annimmt, kommt das Hühnerbrühpulver dazu.
6. Streu jetzt die Maisstärke in die Mischung und rühre weiter gut um.

[27]

7. Gieße mit Wasser auf und bring alles zum Kochen.
8. Schäle zwischenzeitlich die Kartoffel. Schneide sie zu kleineren Würfeln und gib sie zur Brühe. Je kleiner du die Kartoffel schneidest, umso schneller sind sie durch.
9. Sobald die Kartoffel ganz leicht mit einer Stricknadel oder einer Gabel durchstochen werden können, sind sie durch.
10. Rühre die Sahne unter und lass die Suppe noch ein paar Minuten ziehen. Dazu kann der Ofen auch ausgeschaltet sein.
11. Schmecke noch einmal mit Salz und Pfeffer ab.

Kleiner Tipp:

Diese Suppe ist wie Gulasch. Am gleichen Tag serviert schmeckt sie gut. Am nächsten Tag neu aufgewärmt, schmeckt sie noch besser.

Wer kein Freund von Lauch ist, kann auch weniger nehmen. Soll sie cremiger werden, als sie es ohnehin schon ist, dann verwende einen Pürierstab zum Durchmixen.

Als Ergänzung passt Toastbrot oder geröstete Brotwürfel.

Möchtest du experimentieren?

Gib 3 Knoblauchzehen und 2 Teelöffel Cayennepfeffer dazu. Das macht die Suppe pikanter.
Die Sahne lässt sich durch leichtere Versionen ersetzen.

Wusstest du schon?

Lauch wird auch Porree genannt.

In der sumerischen Stadt Ur war Lauch bereits vor 4.000 Jahren bekannt. Bei den alten Ägyptern, Griechen und Römern war er sehr beliebt. So soll Pharao Cheops seine besten Krieger mit Lauch belohnt haben. Vor über 3.000 Jahren hielten die Assyrer fest, dass sie Lauch bereits auf dem Speiseplan hatten. Entsprechende Information findet sich bereits im Alten Testamten der Bibel.

Bei den Germanen erhielt der Lauch sogar eine eigene Rune. Im Mittelalter war er für die Menschen Mitteleuropas sehr wichtig. Besonders die Benediktiner-mönche hielten ihre Erfahrungen mit Lauch fest. Immerhin schmeckt er nicht nur gut, sondern hat auch viele gesundmachende Effekte.

Lauch ist mit Bärlauch und Knoblauch verwandt. Er schmeckt nicht zu scharf, ist gut verdaulich und eignet sich für alle, die es milder mögen.

Tomatensuppe

Für 2 – 3 Personen

Wärmende Tomatensuppe für die kalte Jahreszeit.

So lange wirst du brauchen:

ungefähr 35 Minuten

[30]

Das brauche ich:

- [ ] 1 Dose geschälte Tomaten
- [ ] 1 Packung passierte Tomaten
- [ ] 1 mittelgroße Zwiebel
- [ ] 1 Liter Wasser
- [ ] 1 Teelöffel Salz
- [ ] 1 Teelöffel Pfeffer
- [ ] 1 Esslöffel Hühnerbrühpulver

- [ ] 1 großer, hoher Topf
- [ ] 1 Kochlöffel
- [ ] 1 Stabmixer

So bereite ich zu:

1. Erhitze den Ofen auf mittlerer Stufe.
2. Gib die Tomaten, Zwiebeln, und das Hühnerbrühpulver in den Topf.
3. Brate die Mischung gut an.
4. Gieße anschließend mit Wasser auf.
5. Schalte die Temperatur soweit zurück, dass es nur noch köchelt.
6. Lass den Topf samt Inhalt an die 20 Minuten auf dem Herd. Damit vermischen sich die verschiedenen Aromen. Rühr dabei öfters mit dem Kochlöffel um.

7. Passiere den Inhalt mit dem Stabmixer durch, bis die Masse cremig wird.
8. Schmecke mit Salz und Pfeffer ab.

Kleiner Tipp:

Zu Tomatensuppen passen immer ein kleiner Klecks Sauerrahm auf den Teller und etwas kleingehackte Petersilie.

Möchtest du experimentieren?

Schäle 3 – 5 Knoblauchzehen und gib sie durch die Knoblauchpresse. Brate sie in Olivenöl an und füge noch 2 klein gehackte Zwiebeln dazu. Mische eine Prise Cayennepfeffer unter. Rühre das in die fertige Suppe ein.

Wusstest du schon?

Wie die Kartoffel stammt auch die Tomate ursprünglich aus Amerika (Süd- und Mittelamerika).

1498 brachte Kolumbus sie nach Europa. Das warme Klima im Mittelmeergebiet (Spanien, Portugal und Italien) ähnelte ihrer ursprünglichen Heimat.

Karibische Spaghetti

Für 2- 3 Personen

Pasta geht immer. Besonders in dieser leckeren Variante!

So lange wirst du brauchen:

ungefähr 30 Minuten

[33]

Das brauche ich:

- [ ] 500 g dünne Spaghetti
- [ ] 250 g pikante Schweinefleischwürstel
- [ ] 1 kleine, geschnittene Zwiebel
- [ ] 1/2 grüne Paprika gewürfelt
- [ ] 2 Esslöffel Tomatenmark
- [ ] 1/2 Scotch Bonnet Paprika gehackt (oder scharfe Pfefferoni)
- [ ] 1 Teelöffel Allzweckgewürz
- [ ] 2 Zweige Thymian
- [ ] 1 Esslöffel Hühnerbrühpulver
- [ ] 2 Esslöffel Olivenöl
- [ ] 940 ml Wasser
- [ ] 3 Teelöffel Salz

- [ ] 1 Kochtopf
- [ ] 1 Abtropfsieb
- [ ] 1 Kochlöffel
- [ ] 1 Schale

So bereite ich zu:

1. Gib Wasser und Olivenöl in einen großen Topf und bring sie zum Kochen. Das Olivenöl hilft dir später, damit die Spaghetti nicht aneinander kleben.

2. Sobald das Wasser brodelt, kommen die Spaghetti dazu. Koch sie „al dente". Das bedeutet, sie sollten noch bissfest sein.
3. Zwischenzeitlich können die Würstel unter das Messer. Schneide sie in dünne Scheiben. Brate sie anschließend mit etwas Olivenöl zusammen in der Pfanne an.
4. Schneide Paprika, Zwiebel und die Scotch Bonnet Paprika (oder scharfe Pfefferoni) klein. Misch sie mit Tomatenpaste und Hühnerbrühe gut durch. Dazu kannst du eine Schale nutzen.
5. Diese Mischung kommt zu den Würsteln. Brate sie zusammen in der Pfanne. Gieß das Wasser dazu und bring alles zum Kochen.
6. Rühre öfters um. Die Soße darf nicht anbrennen.
7. Zwischenzeitlich sollten die Spaghetti fertig sein. Gib sie in ein Abtropfsieb. Sind sie genug abgetropft, dann kommen sie in den Kochtopf zurück.
8. Jetzt darf die Soße zu den Spaghetti. Misch sie gut durch.

Kleiner Tipp:

Serviere als Beilage Butterbrote. Für den europäischen Gaumen klingt dies etwas eigenartig. Auf Haiti ist das eine durchaus gängige Kombination! Besonders Kinder lieben es!

[35]

Möchtest du experimentieren?

Diese Spaghetti lassen sich wunderbar variieren. Du kannst verschiedene Arten Würstel nehmen. Selbst vegane Würsteln passen hier sehr gut. Achte darauf, dass sie pikant sind!
Alternativ passen auch Räucherheringe oder Meeresfrüchte wie Shrimps oder Muscheln.

Wusstest du schon?

Die ersten Nudeln brachte Marco Polo aus seinen Asienreisen mit. Heute ist italienische Küche ohne Spaghetti kaum mehr vorstellbar. Meist gibt es Soße Bolognese oder Soße Carbonara dazu. Dabei kannst du mit Spaghetti noch sehr viel anderes machen.

Kinder und viele Erwachsene lieben Spaghetti, sie gehören zu den beliebtesten Speisen überhaupt.

Das Schöne dran ist – sie gehören zu den Gerichten mit den größten Variationsmöglichkeiten!

Omelette Denver Style

Für 2 – 3 Personen

Saftiges, sättigendes Käse/Ei-Omelett geeignet für jede Tageszeit.

So lange wirst du brauchen:

ungefähr 45 Minuten

[37]

Das brauche ich:

- [ ] 2 Esslöffel Butter
- [ ] 1 Zwiebel
- [ ] 1 grüne Paprika
- [ ] 1 halbe Packung Speckwürfel
- [ ] 10 Eier
- [ ] 100 ml Milch
- [ ] 1 Packung Mozzarella
- [ ] Salz und gemahlener, schwarzer Pfeffer

- [ ] 1 große Pfanne
- [ ] 1 Kochlöffel
- [ ] 1 große Schüssel
- [ ] 1 Messer

So bereite ich zu:

1. Heize den Ofen auf 200 Grad Celsius vor.
2. Schäle die Zwiebel und hacke sie klein.
3. Wasche die Paprika und schneide sie in kleine Stücke.
4. Bring die Butter in der Pfanne zum Schmelzen.
5. Gib Paprika, Zwiebel und Speckwürfel dazu. Brate diese Mischung kurz an.
6. Misch in einer Schüssel Eier und Milch. Zerdrücke den Mozzarella und mische ihn dazu.

7. Gieße diese Mischung in die Pfanne. Rühre mit dem Kochlöffel dabei gut um.
8. Würze mit Salz und schwarzem Pfeffer.
9. Stell die Pfanne in den vorgeheizten Ofen. Lass sie dort, bis die Oberseite nicht mehr flüssig ist.
10. Je nach Ofenart und Pfannengröße braucht das ungefähr 15 - 20 Minuten.

Kleiner Tipp:

Als Beilage passen Schwarzbrot und ein Glas Milch.

Möchtest du experimentieren?

Statt Speckwürfel passt auch Schinken. Statt Mozzarella lässt sich nahezu jeder Käse nutzen. Mozzarella macht das Omelett fluffig, ohne zu starken Eigengeschmack.

Wusstest du schon?

Das originale Denver Omelett heißt auch Southwest Omelett oder Western Omelette und wird meist mit Schinkenwürfeln, Zwiebeln und grüner Paprika gefüllt. Manchmal kommt noch Käse obenauf. Als Beilage gibt es häufig Pommes Frites oder Bratkartoffel dazu.

Omelettes gibt es schon sehr lange. Belegt sind sie seit dem Römischen Reich, vermutlich aber haben schon andere Völker und Kulturen Omelett in der einen oder anderen Version verspeist.

Wie wichtig das Ei bei den Römern war, sagt schon das Sprichwort: „ab ovo usque ad malum" – „vom Ei zum Apfel". Damit ist einfach die Essensfolge bei den reicheren Römern gemeint. Bei den Römern hießen die Omelett übrigens „ova sfongia".

Die Einzigen, die meist ohne Eier auskommen mussten, waren die Legionäre. Der Grund liegt einfach in der Zerbrechlichkeit. Nur, wenn sie in ihren Kasernen selber Hühner hielten oder von naheliegenden Höfen mit ihnen versorgt wurden, gab es Eierspeisen.

Angeblich soll sogar Napoleon als er einmal in der Stadt Bessières sein Lager aufschlug, von den Stadtbewohnern sämtliche Eier einkassiert haben um damit zu leckerem Omelett zu kommen und seiner Armee gutes Essen zukommen zu lassen.

Forelle ala Montana

Für 2 Personen

Saftig und lecker zubereitet, mit einem Hauch Zitrone und Rosmarin, ist sie optimal für die leichte Küche geeignet.

So lange wirst du brauchen:

ungefähr 35 Minuten

Das brauche ich:

- [ ] 2 Forellen (ohne Innereien)
- [ ] 3 Esslöffel kalte Butter, dünn geschnitten
- [ ] 6 Zweige frische Rosmarin
- [ ] 1/2 Teelöffel gehackte, frische Rosmarin
- [ ] 1 Teelöffel gehackte, frische Petersilie
- [ ] Salz und Pfeffer zum Abschmecken
- [ ] 2 Knoblauchzehen, geschnitten
- [ ] 1 Zitrone, halbiert und dünn geschnitten

- [ ] Alufolie

So bereite ich zu:

1. Lege jede Forelle auf ein Stück Alufolie.
2. Würze den Fisch auf beiden Seiten mit Salz und Pfeffer.
3. Teile Knoblauch, gehackten Rosmarin und Petersilie auf beide Fische auf.
4. Gib jeweils eine dünne Scheibe Butter, 3 Rosmarin-Zweige und einige Zitronenscheiben dazu.
5. Drücke die restlichen Zitronenscheiben über den Fischen aus.
6. Wickle die Fische mit den Gewürzen in die Alufolien. Achte darauf, die Folien gut zu

verschließen. Das ist wichtig, damit der Saft in der Folie bleibt.

7. Gib den Fisch in den Backofen oder in die Kohlen eines Lagerfeuers.

8. Lass die eingepackten Forellen für etwa 15 Minuten in der Hitze. Nach der Halbzeit kannst du den Fisch wenden.

9. Nimm sie vorsichtig aus dem Ofen oder der heißen Kohle. Achte darauf, dich nicht zu verbrennen!

10. Lass sie etwas abkühlen, bevor du sie aus der Alufolie schälst!

Kleiner Tipp:

Frische Kräuter kannst du durch getrocknete ersetzen. Statt frischer Zitronen gehen auch Limetten oder Zitronensaft aus dem Fläschchen.

Möchtest du experimentieren?

Für dieses Gericht kannst du fast jeden Fisch nehmen. Passe gegebenenfalls die Zeit in Ofen oder Lagerfeuer an! Es hängt viel von der Fischgröße ab.

Wusstest du schon?

Dieses Rezept stammt aus dem amerikanischen Bundesstaat Montana. Dort wird sehr viel gefischt und gejagt. Das bedeutet, dass viele sich ihr Essen selbst fangen. Damit haben sie besonders frischen Fisch am Teller. Oft wird gegrillt im Garten oder an anderen Plätzen in der Natur.

Montana selber ist nicht viel größer als Deutschland, hat aber sehr viel weniger Einwohner. Wer es einmal besucht hat, verliebt sich in dieses Land. Nur ganz wenige gehen wieder, ohne ihr Herz dort verloren zu haben.

Eine der größten Schlachten gegen die Native American fand in Montana, genauer am „Little Big Horn" statt. Bis heute gibt es dort regelmäßige Reenactmenevents. Dabei stellen Personen geschichtliche Ereignisse nach und gedenken einer vergangenen Sache.

Mac `n´Cheese

Für 1 Person

Käse für Kinder jeden Alters. Als Beilage oder
Hauptspeise jederzeit ein Genuß.

So lange wirst du brauchen:

ungefähr 20 Minuten

[45]

Das brauche ich:

- [ ] 2 Becher Makkaroni
- [ ] 2 Becher Käse
- [ ] 1 Becher Milch
- [ ] 1 Prise gemahlener, schwarzer Pfeffer

- [ ] 1 großer Topf
- [ ] 1 Kochlöffel
- [ ] 1 Abtropfsieb

So bereite ich zu:

1. Bring leicht gesalzenes Wasser in einem großen Topf zum Kochen.
2. Gib die Nudeln dazu und lass sie kochen. Sie sollten al dente sein. Dazu brauchst du etwa 10 Minuten. Gib sie anschließend in ein Sieb zum Abtropfen.
3. Stell den Kochtopf auf mittlere Hitze. Gib Käse, Milch und Pfeffer hinein. Koche diese Zutaten, bis der Käse schön geschmolzen ist.
4. Abschließend kommen die Makkaroni zur Soße. Mische sie gut durch.

Kleiner Tipp:

Als Beilage passen grüner Salat und Tomaten. Klein gehackte, frische Dille harmoniert sehr gut dazu.

Möchtest du experimentieren?

Aufpeppen lässt sich dieses Gericht mit Salsa-Soße oder Chili. Wer Käse mag, darf die Nudeln natürlich in doppelter Menge Käse „ertränken". Das kommt sehr auf den persönlichen Geschmack an.

Jede Nudelsorte eignet sich für Mac `n´Cheese. Einzige „Bedingung" ist, sie sollten innen hohl sein.

Wusstest du schon?

Mac `n´Cheese steht eigentlich für Macaroni und Cheese und heißt simpel Makkaroni mit Käse.

Es gehört zu jenen Gerichten, die sehr viele Amerikaner in Kindheitserinnerungen schwelgen läßt. Bis heute ist es ein sehr beliebtes Gericht in Übersee.

Die üblicherweise verwendeten Nudeln sehen aus wie kleine Ellbogen im halbflüssigen Käse ertränkt – daher kommt auch der Name "Elbow Macaroni".

Sloppy Joe

Für 4-6 Personen

Burger einmal anders! Der „kleine" Bruder des klassischen Burgers, ideal für alle, die gern mit ihrem Essen spielen.

So lange wirst du brauchen:

ungefähr 25 Minuten

[48]

Das brauche ich:

- [ ] 1 Esslöffel pflanzliches Öl
- [ ] 1 kleine Zwiebel
- [ ] 1 grüne Paprikaschote
- [ ] 500 g mageres Rinderfaschiertes (Rinderhack)
- [ ] 350 g Heinz Tomaten Ketchup
- [ ] 1 Esslöffel Heinz Worcestershire Soße
- [ ] 2 Esslöffel Zucker
- [ ] 1 Prise Salz
- [ ] 1 Prise Pfeffer
- [ ] 4 große oder 6 kleine Burgerbrötchen

- [ ] 1 große Pfanne
- [ ] 1 Kochlöffel

So bereite ich zu:

1. Schäle die Zwiebel und wasche die Paprika. Schneide beides klein.
2. Gib das Öl in die Pfanne und erhitze auf der Herdplatte.
3. Brate die Zwiebel und Paprikastücke leicht an.
4. Als nächstes kommt das Faschierte dazu. Rühre es gelegentlich um. Es sollte gut durch sein.
5. Jetzt kommen Ketchup, Worcestershire Soße, Zucker, Salz und Pfeffer dazu. Misch die Zutaten gut unter das Fleisch.

[49]

6. Lass die ganze Mischung für 10 Minuten auf leichter Flamme köcheln. Rühr dabei gelegentlich um. So verhinderst du anbrennen.
7. Zwischenzeitlich kommen die Burgerbrötchen in das Backrohr. Dazu sollte er auf kleiner Hitze eingestellt sein.
8. Sobald die Soße leicht eindickt kannst du die Pfanne vom Herd nehmen.
9. Hol anschließend die Brötchen aus dem Backrohr. Schneide sie quer durch und verteile die Soße auf den unteren Brötchenhälften. Leg die obere Hälfte auf die Soße.

Kleiner Tipp:

Als Beilage passt so gut wie alles. Salate, Soßen, Pommes, Bratkartoffel und vieles mehr. Gib Servietten oder Küchenrolle zum Essen.

Softdrinks (Rootbeer und Cola) harmonieren hervorragend zu diesem Gericht.

Möchtest du experimentieren?

Wie magst du deine Burger? Isst du sie gern mit Käse, Tomaten, Gurken, Salatblättern oder anderem? Probier den Sloppy Joe mit diesen Zutaten aus.

Statt Rinderhack kannst du auch Sojahack nehmen. Damit bekommst du einen fleischlosen Sloppy Joe. Dafür kannst du auch gehackte Pilze und zerhackte Karotten gut untermischen.

Ersetze Ketchup durch BBQ Soßen, gib noch gebratene Speckstreifen, Röstzwiebel und Knoblauchpulver dazu. Das ergibt eine pikante Version.

Wusstest du schon?

Sloppy Joe ist eines der beliebtesten Kindergerichte in Amerika überhaupt.

Im Grunde ist es eine Burgervariante unter vielen. „Sloppy Joe" war einst eine Bar in Key West. Diese soll der Autor Ernest Hemingway häufig besucht haben. Angeblich soll der Sloppy Joe dort erfunden worden sein.

Andere behapten eine Köchin namens Joe hat ihn in den 30er Jahren in Iowa erfunden.

Wer auch immer der echte Erfinder war, er hat nicht nur Kindern damit eine große Freude bereitet.

Bohnen-Kokosnuss-Curry

Für1 Person

Ein Hauch von Asien, leicht und schnell zu Hause selbst gemacht!

So lange wirst du brauchen:

ungefähr 35 Minuten

Das brauche ich:

- [ ] 120 ml Wasser
- [ ] 120 ml Kokosmilch
- [ ] 50 g ungekochter, weißer Reis
- [ ] 1/2 Teelöffel Butter
- [ ] 85 g Tofu, gewürfelt
- [ ] 200 g grüne Bohnen
- [ ] 1 Prise Currypulver
- [ ] 60 ml Kokosmilch

- [ ] 1 kleiner Kochtopf
- [ ] 1 Pfanne
- [ ] 1 Kochlöffel

So bereite ich zu:

1. Gib Wasser, 120 ml Kokosmilch und Reis in den Kochtopf.
2. Bring die Mischung zum Kochen und reduzier die Hitze. Rühr regelmäßig um. Der Reis sollte nicht anbrenne. Lass ihn leicht köcheln.
3. Schmilz in der Zwischenzeit die Butter in der Pfanne. Ist sie flüssig, dann gib den Tofu dazu.
4. Brate ihn auf allen Seiten goldbraun an.
5. Abschließend kommen die Bohnen, das Currypulver und die restliche Kokosmilch zu den Bohnen.

6. Sobald der Reis weich ist und die Bohnen zart weichgekocht sind, ist das Essen fertig.

Kleiner Tipp:

Gib den Reis als erstes auf den Teller und die Tofu/Bohnenmischung darauf.

Möchtest du das Essen süßer, dann helfen 2 Esslöffel Zucker. Diese solltest du mit dem Reis mitkochen. Siehst du beim Reiskochen ungern auf die Uhr, dann bereite den Reis im Reiskocher zu.

Möchtest du experimentieren?

Mit etwas Knoblauchsalz und 1 Teelöffel SojaSoße werden die Bohnen pikanter. Gehst du öfters in asiatischen Märkten einkaufen, dann probier Schlangenbohnen statt grüner Bohnen. Mit Rosinen, Zwiebeln, Kreuzkümmel und Cashewnüssen erreichst du einen leicht indischen Touch.

Wusstest du schon?

Tofu stammt ursprünglich aus China. Früher hieß er Bohnenquark.

Du kannst ihn auf alle möglichen Arten zubereiten. Kochen, braten, schmoren und vieles mehr. Er ist im Geschmack neutral, darum kannst du ihn für extrem viel verwenden. Er nimmt einfach den Geschmack von Soßen und Gewürzen an.

Selbst für Süßspeisen gibt es Tofu, der heißt dann Seidentofu. Damit kannst du beispielsweise veganes „Mousse au Chocolate" zubereiten.

Besonders beliebt ist der geräucherte Tofu, mit dem du sehr viel machen kannst. Je nach Sorte ist die Räucherung dezent oder sehr deftig.

Als Fleischersatz ist er bei veganen und vegetarischen Gerichten sehr beliebt.

Avocado Salat

Für 1 Person

Leichter, karibischer Salat für die sommerliche Küche.

So lange wirst du brauchen:

ungefähr 10 Minuten

[56]

Das brauche ich:

- [ ] 2 Avocado
- [ ] 1 Zwiebel gehackt
- [ ] 1/2 Limette ausgepresst
- [ ] 1 Teelöffel Olivenöl
- [ ] 1 Prise Pfeffer
- [ ] 1 Prise Salz

- [ ] 1 Messer
- [ ] 1 mittelgroße Schüssel
- [ ] 1 Brett
- [ ] 1 Löffel (wenn du ihn verwenden möchtest)
- [ ] 1 kleiner Becher

So bereite ich zu:

1. Schneide zuerst die Avocado in der Mitte durch. Nimm den Kern heraus und gib das Fruchtfleisch in die Schüssel. Dazu kannst du es herauslöffeln oder die Avocado schälen und dann würfeln.
2. Schäle die Zwiebel und schneide sie klein. Wenn du lieber Ringe magst, dann schneide sie in möglichst dünne Scheiben.
3. Gib sie zur Avocado in die Schüssel.
4. Misch im Becher Limettensaft, Olivenöl, Pfeffer und Salz. Übergieße die Zwiebel und Avocadostücke damit.

5. Misch alles gut durch.

Kleiner Tipp:

Achte darauf, dass die Avocados zwar weich, aber nicht zu weich sind. Kannst du die Schale leicht eindrücken, dann sind sie gut.

Das Fruchtfleisch sollte grün sein und möglichst keine braunen oder grauen Flecken haben.

Du kannst dieses Gericht als Salat zu anderem Essen servieren oder als Hauptspeise mit Beilagen wie Brot oder gebratenen Bananen.

Möchtest du experimentieren?

Etwas Orangensaft rundet den Avocado Salat zusätzlich ab.

Soll der Salat exotischer schmecken, dann misch eine Prise Knoblauch, Garnelen und kleine Tomaten dazu.

Limettensaft kannst du auch durch Zitronensaft ersetzen.

Wusstest du schon?

Auf Haiti wird diese Beilage „Salad Zaboka" genannt.

Die Avocado kommt ursprünglich aus Amerika. Seit über 10.000 Jahren wird sie in Südamerika angebaut und gegessen. Besonders Guatemala oder Mexiko kennen die Frucht schon sehr lange.

Aus ihr kannst du viele gesunde Sachen machen. Sie ist vielseitig verwendbar. Manche essen sie als Brotaufstrich, andere mischen sie in Eis oder kochen leckere Gerichte aus ihr.

Viele Menschen essen Avocado, weil sie gut schmeckt und ihnen beim Abnehmen hilft. Ihre Fettsäuren kurbeln den Stoffwechsel. Damit unterstützen sie ihre Fettverbrennung und die Verdauung.

Verwende sie mit Bedacht. Sie ist zwar sehr gesund, hat aber viele Kalorien. Ihr Fett hilft dir dabei, lange Zeit satt zu bleiben.

Karottensalat

Für 2-4 Personen

Gesunder Karottensalat mit der Süße von Rosinen und dem Geschmack von Mayonnaise.

So lange wirst du brauchen:

ungefähr 35 Minuten

Das brauche ich:

☐ 500 g geraspelte Karotten
☐ 2 Esslöffel Rosinen
☐ 2 Esslöffel Mayonnaise
☐ 1 Teelöffel Limettensaft
☐ 1 Prise Salz

☐ 1 große Schüssel
☐ 1 kleine Schüssel
☐ 2 große Salatgabeln

So bereite ich zu:

1. Misch Karotten und Rosinen in einer großen Schüssel gut durch.
2. Gib Mayonnaise, Limettensaft und Salz in eine kleine Schüssel. Misch diese Zutaten gut durch.
3. Gib die Mischung über die Karotten/Rosinen. Mit den Salatgabeln kannst du die Zutaten gut vermischen.
4. Lass den Salat jetzt etwa 30 Minuten stehen. Er braucht etwas Zeit zum Ziehen, bevor er wirklich gut schmeckt.

Kleiner Tipp:

Probier Karotten in verschiedenen Farben aus. Du kannst sie von dunklem Violett bis Weiß bekommen. Dazu wirst du dich allerdings auf Bauernmärkten und in kleineren Geschäften umsehen müssen. Die großen Supermärkte verkaufen meist nur in orange Karotten.

Möchtest du experimentieren?

Möchtest du den Salat noch verfeinern, dann misch Sauerrahm und eine Prise Pfeffer dazu. Auch klein geschnittene Äpfel und etwas Orangensaft harmonieren hier sehr gut.

Wusstest du schon?

Karotten (auch Möhren genannte) sind sehr gesund. Darin enthaltenes Vitamin A braucht etwas Öl um sich gut zu lösen. Das hilft dem Körper, dieses Vitamin leicht aufzunehmen. Vitamin A hilft dir brauner zu werden. Es stärkt dein Immunsystem. Ausserdem hilft es dir beim Aufbau und Wachstum deiner Knochen.

Im 17. Jahrhundert züchteten holländische Gärtner erstmals orange Karotten. Hollands Königsfarbe ist orange. Damit wollten sie dem damaligen König Willem van Oranje auf ihre Weise zu seinen Leistungen gratulieren und ihn ehren.

[62]

frittierte Kochbananen

Für 1 Person

Süßes Dessert oder feiner Knabberspaß für Zwischendurch. Auf die Würze kommt es an!

So lange wirst du brauchen:

ungefähr 35 Minuten

[63]

Das brauche ich:

- [ ] Öl zum Frittieren
- [ ] 3 Bananen
- [ ] Salz und Pfeffer zum Abschmecken
- [ ] Knoblauchpulver für den Geschmack

- [ ] 1 Pfanne
- [ ] Küchenpapier
- [ ] 1 Messer
- [ ] 1 Kochtopf

So bereite ich zu:

1. Erhitze das Öl in einer schweren Pfanne bei mittlerer Hitze.
2. Schäle die Bananen und schneide sie in Scheiben. Sie dürfen ruhig dicker sein.
3. Gib einige davon in das Öl und brate sie goldgelb.
4. Leg sie zum Abtropfen auf Küchenpapier. Mach das mit allen Scheiben, bis keine mehr übrig sind.
5. Lege auf die abtropfenden Bananen weitere Küchentücher. Sie sollten schön bedeckt sein. Drücke sie jetzt platt.
6. Gib die dünneren Bananenstücke in die Pfanne zurück und brate sie weiter bis sie goldbraun sind.

7. Abschließend sollten die Bananenstücke noch einmal auf neuen Küchentüchern abtropfen.
8. Würze sie anschließend mit Salz, Pfeffer und Knoblauch.

Kleiner Tipp:

Wenn du keine Kochbananen bekommst, dann greife auf grüne „normale" Bananen aus dem Supermarkt zurück. Je unreifer sie sind, umso besser gelingt das Rezept. Zu reife Bananen ergeben matschige, frittierte Scheiben!

Möchtest du experimentieren?

Es gibt viele verschiedene Versionen dieses Rezeptes. Du kannst die Bananen auch schälen und im Ganzen ausbraten, dann schneiden, plattdrücken und erneut in der Pfanne ausbraten.

Wusstest du schon?

In der Karibik sind gebratene Bananen ein traditioneller Leckerbissen.

Verschiedene Varianten heißen auch verschieden. Da sind die Tostones, die mit grünen Bananen gemacht werden. Aber auch die Platanos, die mit reifen oder gelben Bananen gemacht werden.

<u>Äpfel im Schlafrock</u>

Für 2 Person

Leckeres, süßes Dessert aus Äpfeln im Teigmantel.

<u>*So lange wirst du brauchen:*</u>

ungefähr 35 Minuten

Das brauche ich:

☐ 4 mittelgroße Äpfel
☐ 1 Ei
☐ 120 g Mehl
☐ 250 ml Milch
☐ Öl zum Ausbacken
☐ 1 Prise Salz

☐ 1 Pfanne
☐ Küchenpapier
☐ 1 Schüssel
☐ 1 Löffel
☐ 1 Apfelstecher und 1 Sparschäler
☐ 2 Gabeln

So bereite ich zu:

1. Verrühre Mehl, Ei, Milch und etwas Salz zu einer guten Masse. Sie sollte noch leicht flüssig sein. Tropft sie zäh vom Löffel, dann ist sie richtig.
2. Schäle die Äpfel und entferne das Kerngehäuse mit dem Apfelstecher. Schneide die Äpfel in Scheiben.
3. Erhitze das Öl in einer schweren Pfanne bei mittlerer Hitze.

4. Tauche die Apfelscheiben mit den Gabeln in die Teigmasse und gib sie anschließend in das heiße Fett.
5. Dreh sie mit den Gabeln um, sobald sie goldgelb sind.
6. Heb sie aus der Pfanne und lass sie auf Küchenpapier abtropfen.

Kleiner Tipp:

Am besten gelingt das Rezept mit leicht säuerlichen Äpfeln.
Bestreue sie vor dem Servieren mit Zucker und Zimt.
Auch VanilleSoße passt gut dazu.

Möchtest du experimentieren?

Mische in die Teigmasse Vanillezucker ein.

Wusstest du schon?

Zu Äpfeln gibt es ein Sprichwort:
„An apple a day, keeps the doctor away!" Das bedeutet, wer täglich einen Apfel isst, wird nicht so schnell krank.

Mohnnudeln

Für 2 Personen

Süß und voller Mohn, ein ideales Gericht für den „kleinen", großen Hunger.

So lange wirst du brauchen:

ungefähr 15 Minuten

[69]

Das brauche ich:

- [ ] 500 g Bandnudeln gekocht und abgetropft
- [ ] 2 Esslöffel Butter
- [ ] 1 Prise Salz
- [ ] 1 - 3 Esslöffel Mohn nach Geschmack
- [ ] 1 Prise Staubzucker

- [ ] 1 Schüssel
- [ ] 2 Kochlöffel
- [ ] 1 kleiner Kochtopf

So bereite ich zu:

1. Erhitze die Butter im kleinen Kochtopf. Sie sollte schön flüssig sein.
2. Gib die abgetropfen Nudeln in eine große, angewärmte Schüssel.
3. Nimm die flüssige Butter vom Herd und mische Salz, Pfeffer und Mohn dazu. Diese Mischung kommt zu den Bandnudeln.
4. Schwenk den Inhalt sanft durch oder nimm zwei Kochlöffel und vermenge sie wie einen Salat.

Kleiner Tipp:

Als Beilage passt Milch.

Hier kannst du die Nudeln weich kochen.

Als Beilage bieten sich Kompott oder Zwetschkenröster an.

Möchtest du experimentieren?

Magst du Mohnnudeln lieber weniger süß? Dann gib noch zusätzliche Butter, grüne, klein geschnittene Zwiebel, Knoblauch, Pfeffer und saure Sahne dazu. Ansonsten verfährst du wie beim Rezept. Schmeck es ab.

Wusstest du schon?

Mohnnudeln sind ein beliebtes Gericht. Du findest sie in Ungarn ebenso wie in Böhmen und anderen Nationen Europas.

Statt Bandnudeln kannst du auch Schupfnudeln aus Kartoffelteig machen, diese in Butter und Mohn schwenken und mit Staubzucker bestreuen.

Käsebällchen

Für 1 Person

Feine Ziegenkäsebällchen für den sommerlichen Genuß.
Gekühlt eine wahre Delikatesse.

So lange wirst du brauchen:

ungefähr 30 Minuten

Das brauche ich:

- [ ] 250 g Feta (Schafskäse)
- [ ] 2 Zehen Knoblauch
- [ ] 1 Esslöffel frische Minze
- [ ] 1 Esslöffel frische Petersilie
- [ ] 1 Esslöffel frischen Koriander
- [ ] 1 Esslöffel Walnussessig
- [ ] 1 Esslöffel Olivenöl

- [ ] 1 Küchenbrett
- [ ] 1 Knoblauchpresse
- [ ] 1 Messer
- [ ] 1 Schale oder 1 Schüssel
- [ ] 1 Esslöffel

So bereite ich zu:

1. Zerbröckle den Feta zwischen deinen Fingern direkt in die Schale oder Schüssel.
2. Schäle den Knoblauch. Drück die einzelnen Zehen durch die Knoblauchpresse. Gib sie zum Feta.
3. Wasche Minze, Petersilie und Koriander gründlich. Leg die frischen Kräuter auf das Brett und schneide sie klein. Gib sie als nächstes zum Feta.
4. Abschließend kommen noch Essig und Olivenöl dazu.

[73]

5. Misch die ganze Masse mit den Fingern gut durch.
6. Forme aus der Masse kleine Kugeln.

Kleiner Tipp:

Du kannst die Bällchen noch eine Weile kühlen oder sofort servieren. Biete als Beilage frisches Brot an.

Möchtest du experimentieren?

Tausche die Kräuter aus. Statt Minze, Petersilie und Koriunder kannst du auch andere Sorten nehmen. Frische Kräuter schmecken am besten zum Rezept.

Statt Walnussessig kannst du auch andere Essigsorten nehmen. Olivenöl kannst du natürlich auch austauschen. Allerdings schmecken andere Ölsorten nicht so gut zu diesem Rezept.

Wusstest du schon?

Diese Frischkäsebällchen gehörten zu den beliebtesten Speisen im Alten Rom. Dort hießen sie „Moretum".

Übrigens bevorzugten die alten Römer Schaf- und Ziegenmilch. Kühe nutzten sie vor allem zur Arbeit auf dem Feld.

Russische Eier

Für 1 Person

Klassiker für Buffet und Feiern. Klein, fein aber oho.

So lange wirst du brauchen:

ungefähr 10 Minuten

Das brauche ich:

- [ ] 2 Eier
- [ ] 4 oder 8 Blatt Schwarzwälder Schinken
- [ ] 2 Esslöffel Mayonnaise
- [ ] 2 Esslöffel scharfen (oder pikanten) Senf
- [ ] 1 Schuss Worcestersoße
- [ ] 1 Prise Salz
- [ ] 1 Prise Pfeffer
- [ ] Wasser nach Bedarf

- [ ] 1 Kochtopf
- [ ] 2 Teelöffel
- [ ] 1 Messer
- [ ] 1 kleine Schüssel
- [ ] 1 Teller

So bereite ich zu:

1. Koche die Eier bis sie hart sind.
2. Schreck sie ab oder stell sie beiseite, bis sie kühl genug zum Angreifen sind. Dann schäle sie.
3. Schneide sie in der Mitte durch. Gib die gekochten Dotter in eine kleine Schüssel.
4. Richte den Schwarzwälder Schinken wie ein Nest an. Darauf kommen später die Eier.

5. Vermische die Dotter gut mit den restlichen Zutaten. Dazu dürfen auch die Hände verwendet werden!
6. Fülle die leeren Eiweißhälften mit der gewonnen Masse auf. Leg jede Eihälfte in eines der Schinkennester.

Kleiner Tipp:

Hier passen Schnittlauch zum Bestreuen und Milch als Beilage.

Möchtest du experimentieren?

Für die Masse lässt sich alles Mögliche nutzen. Verwende verschiedene Sorten Senf, gib Gewürze nach Wunsch dazu. Klein geschnittener Zwiebel oder Kapern passen ebenso.

Pro Eihälfte darf auch ein Sardellenring mit Kapern serviert werden. Russische Eier sind sehr variabel!

Wusstest du schon?

Kalte Vorspeisen heißen in Russland Sakuski. Darunter fallen Wurst, eingelegte Fische, Salate und gefüllte Eier.

Zitronenlimonade

Für 2 Personen

Der Geschmack der 50er und 60er Jahre in einem kleinen, einfachen Getränk.

So lange wirst du brauchen:

ungefähr 10 Minuten

[78]

Das brauche ich:

- [ ] 6 Zitronen (je 6 ergeben eine Tasse Zitronensaft)
- [ ] 200 g Zucker
- [ ] 1,5 Liter kaltes Wasser

- [ ] 1 Messer
- [ ] 1 Zitronenpresse
- [ ] 1 Krug
- [ ] 1 Kochlöffel

So bereite ich zu:

1. Schneide die Zitronen in der Mitte durch und entsafte sie durch die Zitronenpresse.
2. Gib den ausgespressten Zitronensaft in einen großen Krug. Misch Zucker und kaltes Wasser unter.
3. Rühre gut mit einem großen Löffel um. Dadurch löst sich der Zucker schneller auf.

Kleiner Tipp:

Zitronen und Orangen kannst du leichter auspressen, wenn du sie vor dem Aufschneiden kräftig presst und drückst. Du kannst sie dazu auf den Tisch legen, dich darauf stützen und sie rollen. (Pass auf, dass du dabei nicht ausrutschst!) Du bekommst damit mehr Saft aus den Früchten.

Gib ein paar dünne Zitronenscheiben und Eiswürfel in den Limonadenkrug. Damit bekommst du eine schöne Dekoration.

Möchtest du experimentieren?

Ersetze die Zitronen durch Limetten oder Grapefruit. Beachte dabei, dass du für 1,5 Liter Wasser eine Tasse ausgepressten Saft benötigst. Besonders Grapefruits sind relativ groß! Da brauchst du keine 6 Stück!

Wusstest du schon?

In manchen Filmen siehst du Kinder Zitronenlimonade verkaufen. Früher hatten Kinder und Jugendliche damit die Möglichkeit sich ihr Taschengeld aufzubessern.

Trotz Zucker ist diese Limonade gesund. Du weißt nämlich genau, was du reingibst. Bei gekauften Sachen weißt du das nicht immer.

Die Vitamine der Zitrone bleiben dir erhalten. Damit hast du eine Limonade, die dir auch bei Erkältungen helfen kann.

Beerenmix

Für 2 Personen

Beerenfrischer, sommerlicher Genuß mit einem Hauch von Herbst.

So lange wirst du brauchen:

ungefähr 5 Minuten

Das brauche ich:

- [ ] 500 g verschiedene Beeren
- [ ] 2 Becher Erdbeerjoghurt
- [ ] 1 Banane
- [ ] 500 ml Milch
- [ ] 1 Teelöffel Zucker

- [ ] 1 Mixbecher

So bereite ich zu:

1. Gib die kompletten Zutaten in einen Mixbecher.
2. Mach den Behälter zu und schüttle den Inhalt gut durch.
3. Ist der Inhalt glatt genug, dann gib den Beerenmix in Gläser und serviere.

Kleiner Tipp:

Im Sommer kannst du leicht frische Beeren dafür nehmen. Welche Beeren magst du? Nimm diese! Vielleicht hast du einen Garten mit Beerensträuchern. Dann pflück die Früchte, aber achte darauf, dass sie schön reif sind.

Hast du diese Möglichkeit nicht, bietet sich das Tiefkühlfach im Supermarkt an. Dort findest du gefrorene Beeren auch in Mixversion (Preiselbeeren, Brombeeren, Erdbeeren, ...).

Wenn dir die Beeren süß genug sind, dann lass den Zucker weg.

Möchtest du experimentieren?

Probier ruhig verschiedene Sorten aus. Es muss nicht immer Erdbeerjoghurt sein. Stattdessen kannst du auch Vanillejoghurt nehmen oder ganz andere Sorten. Natürlich verändert sich der Drink dadurch im Geschmack. Aber genau darum geht es.

Magst du den Beerenmix cremiger, dann nimm einen Stabmixer zur Hilfe. Damit bekommst du den Geschmack von Trinkjoghurt.

Wusstest du schon?

Beeren sind nicht nur lecker, sondern auch sehr gesund. Sie stecken voller Vitamine, Gerbstoffe, Mineralien und anderen guten Dingen, die dir helfen gesund zu bleiben.

Du kannst sie auch gut mit Kiwi, Melonen und anderen leckeren Früchten kombinieren. Beeren passen immer!

Erdnussbutter Shake

Für 1 Person

Cremige Erdnussbutter mit Vanilleeis kombiniert – ein Gaumenkitzler der besonderen Art.

So lange wirst du brauchen:

ungefähr 2 Minuten

Das brauche ich:

- 3 große Kugeln Vanilleeiscreme
- 60 ml Milch
- 2 Esslöffel cremige Erdnussbutter

- 1 hoher Messbecher
- 1 Mixer
- 1 Becher
- 1 Strohhalm oder Eislöffel

So bereite ich zu:

1. Gib die Zutaten in den Messbecher.
2. Rühr sie mit dem Mixer durch.
3. Nach etwa 60 Sekunden ist die Masse cremig.
4. Gib sie in den Becher und Schlagsahne auf den Shake.
5. Du kannst mit Strohhalm oder einem Eislöffel servieren.

Kleiner Tipp:

Zum Verzieren passen Coctailkirschen und Schokostreusel.

Möchtest du experimentieren?

Der Shake harmoniert gut mit Schokolade, Banane und Honig.
Mische diese Zutaten nach Belieben. Das nimmt dem Shake den intensiven Erdnussgeschmack.

Wusstest du schon?

Besonders in Nordamerika ist die Erdnussbutter aus dem Leben nicht mehr wegzudenken. Sie kommt aufs Brot, wird zum Backen, Kochen und vieles mehr verwendet.

In Amerika muss die Creme mindestens 90 Prozent Erdnüsse beinhalten um den Namen „Erdnussbutter" zu erhalten. In Europa bekommst du sie eher als "Erdnusscreme" oder "Erdnusspaste".

Bereits die südamerikanischen Inkas verarbeiten Erdnüsse und machten eine Art Erdnusscreme.

Was wir heute kaufen können brachte 1895 Dr. Kellogg für seine Patienten auf den Markt. Er erfand auch die bekannten Cornflakes.

Nachwort

Selbst die besten Köche haben irgendwann einmal klein angefangen. Sie haben Fehler gemacht und daraus gelernt.

Gelingt dir ein Rezept nicht sofort, dann probier es einfach noch einmal. Verändere die Zutaten und teste neue Sachen dazu aus.

Übrigens sind viele Gerichte auch aus Zufällen heraus entstanden. Kreativität ist beim Kochen sehr wichtig.

Halte die Rezepte fest, die du besonders gern magst. So kannst du dein eigenes, persönliches Kochbuch zusammenstellen.

Das Wichtigste jedoch ist, gern zu kochen. Dann werden die Speisen auch richtig gut.

In diesem Sinne:
Mahlzeit

Weitere „Kochbücher" der Autorin

Rezepte einer Küchenmagd:
Rezepte für LARPs und andere Events

Verlag: Books on Demand GmbH
ISBN: 9783739210513

Kulinarisches aus Wald und Flur:
Rezepte für Waldläufer, Survivalisten und Outdoorfans

Verlag: Books on Demand GmbH
ISBN: 9783743190764

Soldierfood Europa:
Was der gemeine Soldat auf den Teller bekam!

Verlag: Books on Demand GmbH
ISBN: 9783744809917